TULET VIETIN TIELLÄ

runokokoelma

P Merivuori

TULET
VIETIN TIELLÄ

© 2024 P Merivuori

"MADE BY HUMAN!" ✎

Kansikuva: Jade Amanda Matilda Sjöberg
Kuvat ja kuvankäsittely: P Merivuori
Kustantaja: BoD – Books on Demand, Helsinki, Suomi
Valmistaja: BoD – Books on Demand, Norderstedt, Saksa

ISBN: 978-952-80-7263-8

**"A MIND IS LIKE A PARACHUTE.
IT DOESN'T WORK IF IT IS NOT OPEN..."**

- Frank Zappa (1940-1993)

 **"Well today is grey skies**

Tomorrow is tears

You'll have to wait

till yesterday is here..."

 Tom Waits ♫

"Yesterday Is Here" ★ Frank's Wild Years (1987)

En kaipaa kylkeeni henkselinpaukuttajaa, en pikkutarkkaa

matonhapsujen kampaajaa

En enää velvollisuudesta aio turhaan uhrautua

mutta rakkaudesta

häkeltyä voisin

sen perimmäisen kerran,

pitkäkestoisen verran

Kiireessä en sinua tähdenlennoksi silmäilisi

vaan tiirailisin kiintotähtenä,

kulutusta kestävänä

Pureskelisit minua hartaasti, olisi ruokahalusi iätön,

toteaisit nautinnosta luottavaisin mielin

että miesten suhteen

makusi on pistämätön

PORSTUAN KOLMIJALKA

Vihoviimein pääsin jaloilleni

kun pidäkkeetön leimusi

tempaisi jalat alta

Oikaistaan oikopäätä

entisten reissujemme päitä

muttei tämän matkan päähän

vaan kiireettä kolutaan kimppuna polut, astutaan yhtä jalkaa

toisiimme jalansija

Seitsemännessä taivaassa vasta

istutaan aloilleen ja

tiukan paikan tullen

yhtenä nippuna

pudotaan jaloilleen

Pysyväksi jäädään kaksin verroin, solmitaan mieleen rauha

eikä mahanalus täynnä jalkoja,

maassa kaksin kerroin

poislähdön kengännauhaa

Jos luulet

ettet ole kylliksi sellainen

joksi mielestäsi

minä sinua luulen,

et tiedä

sillä olet paljon enemmän kuin luulet

Jokaisella on oma pieni paikka,

tarinansakin

Paikat täyttävät sekä täyttyvät

ja kun oikein tarkkaan katsoo,

kaikki tarinat jatkuvat

JNE...

Nuorena sitä kusi hankeen koko nimensä

Nykyään tihkuu vain kolme pistettä

Nekin pystysuoraan

Harvemmin enää vaakatasoon pääseekään

Niin näkyy iässä jatkuvuus

Niin virkkeet vaimenevat

~~virikkeet~~

Vastasataneella hangella

eläinten jäljet läikkyvät

arvoitusten mosaiikin

Tuossa lienee rysähdellyt ryhäkyrmy

Tuosta taas tuhisten kirjolooppi

ja tuokin tuolla, tupsuhaiventirppa, pikkuruisesti pomppien

Kuin kulkuaukkona tunteisiin,

jäljet pilkistävät veistettyinä sanoina

Jälki on vaitonainen kirjain, yksinäisyydestä koverrettu,

toivomus tulla huomatuksi

Ilman jälkiä

kukaan ei ymmärrä seurata

VASTAISUUDESSA

Saaressa kalliomännyillä on paljon helmoillaan

Varjonäytelmään voi hyvällä tuulella kurkistaa

Kaksi on täällä ikää, fyysinen ja sielun

Sen mitä ensimmäinen vajaa, toinen roimasti oraalla

Elämänhimo kutittaa

Mitä enemmän haluaa tulevaisuudelta tietää

sitä vähemmän

siltä kuuluu kysyä

Sähköt katkoivat päivän puoliksi, illan tullen ukkonenkin

Onneksi yöksi

pikkuriikkinen

on kaikille yllin kyllin

Kotisaartaan

on rankkaa uhmata ja miellyttää yhtä aikaa

Myrskysään tyyppinä jätän monet hyvästit mutten koskaan lähde

Mitä vanhemmaksi lahovioitun

sitä enemmän uskon tarvitsevani ympärillä olevaa

Myräkän juurella luonto muistuttaa

ettei elämän pidä olla selviytymistä, vaan himpun verran

aikaansaamista

Löylyhirret tihkuvat yhä pihkaa

Sulavoituessani saunasta mereen

veden pinta nousee

Naarastavi rääpättää

Notkeuteni pelottaa merenneitoja

AKORDI (MOLLI)

Ahdistava hiljaisuus ei kuulosta samanlaiselta

Sen ääni värisee kolmisointuna:

Surun kanto parahtaa siniharmaana

Siitä päästäkseen myisi maansa

muttei murheella voi mitään ostaa

Se on vaihdon välineenä arvoton

Kateudenkipeä määkii keltavihreänä

Sen piilevästä kainalosta haluaisi pois

muttei katkeruutta voi lymystä löytää

Se on mykkä ja ilmeiltään kasvoton

Menettämisen pelko rääkyy mustanpurppurana

Siitä riippuvuus on omistushaluisen riippa

muttei luopumista voi viereltä kadottaa

Sen luona liika kiintymys kuristaa

Vahvistava hiljaisuus ei kuulosta samanlaiselta

Sen ääni värisee kolmisointuna:

Yksinäisyys supisee kuninkaansinisenä

Sitä kavahtaa nöyränä kunnioittaen

mutta kuiske ohjaa noukkimaan rauhan rippeet

Se on apurina helmenpoimuri

Menneisyys kaikuu antiikinruskeana

Sitä haikaillessa ruokkii saavuttamatonta

mutta muistoista heijastuu tulevaisuus

Se on itsetutkiskelun luonnekartta

Ikävän siemen humisee metsänvihreänä

Sitä niellessä kitalakeen tarttuu odotuksen ohdake

mutta jyvästä kasvaa rintaan elämänpuu

Se on rakkauden kaikkivoipa kaipuu

JOULULOMA

Lapsuuden alakoulun pilkistäessä risan verkkoaidan takaa,

pitää ajatuksella katsoa

ettei hukkaa sellaista, mitä ei rahalla voi ostaa

Lomailevien pikkuoppilaiden tavoin

urheilukentälle jääneet pallot

ovat saavuttaneet toviksi maalinsa

Vaikka elämän kirous sekin

että ajattelee mitä olisi voinut olla,

näky kutsuu menneisyyteen mukaan

Messissä olen, loskassa potkaisen palloa ja

kuten silloin välitunnilla

elämys varjelee mielen

Veto vetistää

Kaikin puolin turvaisa

suojasää

"AIN'T NO MERCY ON THE STREETS OF THIS TOWN

AIN'T NO BREAD FROM HEAVENLY SKIES

AIN'T NOBODY DRAWING WINE FROM THIS BLOOD

IT'S JUST YOU AND ME TONIGHT..."

🎼 Bruce Springsteen 🎵

"Human Touch" ★ Human Touch (1992)

Tasa-arvonpäivänä väliltämme katosi kaikki etäisyys

Paprikan sisältä kuoriutui sydän ja

inkiväärikuhan jälkeen

vanha viipurilainen helmitaulu laski hämillään

kuinka kammarissa nutturataulun alla

kerta toisensa perään

kookoskuitu rahisi

Jo nautinnon kertaalleen kadottaneina

kuin vehmaan puutarhan yksinäiset sudet

liu'uimme aikaa vieden

hukasta kukkaan

KOTIINLÄHTÖ

Kosketuksestasi erkaantuminen

jättää iholle

antaumuksen arpia

Edessäsi haluaisin olla vahva valloittaja

mutta häpeän ikäni kyllästämiä vajavaisuuksia

Syleile minua arvokkuudella,

olematta sokea

todistat epätäydellisten palasten muovaavan inhimillisyyden

missä kasvan sinuun iäti kiinni

eikä elämänjanolla ole yläikärajaa

Tahtoisin tehdä niin paljon enemmän

kuin vain auttaa sinua unohtamaan huolesi

Haluaisin kantaa niitä

Ei ikävääkään voi ymmärtää

jos ei koskaan ole erossa

Kotimatkalla sade ripottelee haikeuden kristallinkirkkaaksi

Tuulilasinpyyhkijät hakkaavat

Silmistä

ei lähde siunauksen vesi pois

SILUETTI

Selälläni maaten arvailen

näkikö kaiken eilisen

harjakaton taitteen kärpänen

Aistikkuutesi jälkeen

yksitoikkoisuus dominoi

kun jäljellä enää otteesi varjo

sekä liitoskohdan värähtelevä häivähdys

missä kutsumus kiertyi käärepaperina

puristaen uumat yhteen kyteväksi

kuin ilokulon tuli

Ikävä

yksin uinua, sylityksin

sinua

Kanssasi hetket valuvat läpi liian nopeaan

Aika kuluu kuin siivilä

Taloyhtiön lämpötolpallisella parkkipaikalla

oven kiinnipamahduksen paineaalto

kuristaa tavut vaimeaksi ja

sanojen kantaman kadottua

lohduttomuus haaksirikkoutuu etuistuimen syvänteeseen

jättäen huulesi painanteet

kyyneleitä kauemmas

Autoa kiihdyttäessä

katoaa nollasta sataan

kaikki viikonloppuna ahmittu

musertavan jälleenodotuksen sykliin

Moottoritiellä maleksii Maserati

Samako rakkaus raatelee

niin raukkoja kuin ruhtinaita?

VÄISTÄMÄTÖN

Kipakka syyshuuru lyö näpeille

Yksin ollessa ymmärtää, ettei ajatus oikeastaan harhaile
Se etsii syrjään siirtymättä
kiihkoa kylmäverisyyteen

Lähettämääsi viestiä ahmin yhä uudelleen
Rakkauden liekinvartijana poistat ympäriltä
alakulon epäpuhtaudet

Nurmikko pitää silti leikata
Ruohon taipuessa näen tuulen hyväilyn

Pussilakanoita en henno vaihtaa,
niiden rypyissä viipyy lihamme julistus

Lasagnen paistolämpöä tarkistaessa
huuhtelen napakat tomaatit ja
mietin

rintojasi

Sinä aikana

mitä pajunkissoista kissankelloihin,

olet sinä

aikana sellainen

että samalla tapaa

oikkuilee elohopea

läsnäväreilevästä pinnasta

erossa olon sinervään huuruun

Kylmänpimeälle kiukuttelen katkerana

Hallanteosta palkkaa hamuan

Joka toiselle kainalo-

kuoppaa kaivaa,

se itse siihen lankeaa

HORMONIA

~~HARMONIA~~

Silloin kun avaat ulko-oven, kierrät kätesi kaulalleni ja

nouset varpaillesi suutelemaan,

lisämunuaisen kortisolituotanto ryntää pomppulinnaan,

dopamiinin aineenvaihdunta pikatielle

ja vartalosta pilkistää pattijuoppo

endorfiinihumalasta jäykistyen

Aivokuoren pihtipoimu on uhkarohkeuden roihu

Oksitosiini huomionkipuilee serotoniinipurkausten laavan

parantaakseen

yksinäisyyden makuuhaavat

Follitropiini hiivuttaa minusta tahtoosi mukautuvan,

mantelitumake kadottaa arkuuden

jalostaen kupeellesi palon, lantion

liikkeellepanevan voiman

Kuinka koukuttavaa onkaan myötäintosi,

yhtä aikaa hento sekä vahva,

henkäyksenohut lento

kuin Messiaan vallan kahva

Mihin minä kanssasi joudun?

Henkeä haukkoen

isostiko aallokkoon?

Samalla kun opetat avokadon leikkuutekniikan,

kertaat kookosrasvan monikäyttöisyyden ja

leivot Euroviisujen aikana tiramisun

Hakoteille

ojastako allikkoon?

Selität tarantellasta jääkaapissa,

itsetehdyistä noitarummuista ja

Kurama-vuoren reikihoidosta

Kaikista ultra-, super- ja

hypertutkinnoistani huolimatta

ryskyessään

rakkaus yllättää aina

VUOKSI

Entisistä ja menetetyistä suhteista puhuit viisaasti

Silti vuoron perään janosin sekoittaa sanoja

maistaen huuliltasi valkoviinin

Sivelin arpeasi ja

tukkasi kutittaessa napaani

käsitin kaksin verroin

että yhdessä meillä olisi kaikki valta päättää

millaisina peileinä heijastaisimme toisillemme

Vaikka tapani mukaan yritin isosti vakuutella

ettei yksin tarvitse vajaa olla,

ymmärsin empimättä

että vain yhteensidottuina

tätä nippua ei katkaisisi kukaan

 **"PEOPLE KEEP ON LEARNIN'**

SOLDIERS KEEP ON WARRIN'

WORLD KEEP ON TURNIN'

'CAUSE IT WON'T BE TOO LONG..."

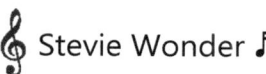 Stevie Wonder ♫

"Higher Ground" ★ Innervisions (1973)

Karttakeppi, kalvot ja piirtoheitin katosivat

Tuhriva tussi tuli suttaavan väriliidun tilalle

Audiovisuaalinen älytaulu peitti valkotaulun

Mobiilitarvikekärryt korvasivat kirjahyllyt

Pulpetit väistyivät pyöräpyöröpöytien tieltä

Ryhmätyö muuttui sohvaryhmätyöksi

Luokkahuone haihtui avomuunneltavan oppimistilan

solupiste-

kotipesä-

teemapuistoksi

Kirjat kuihtuivat sähköksi

Kaikille jaettiin mustat tabletit

Minä otan valkoisen ja pyöreän

Viittä vaille kohta karkaa viisaus

Tieto on jo pilvessä

Olisinpa itsekin

ORIGO = NOLLAPISTE

Et sinä mitään hävinnyt ole

Et ole vain voittanut

Eikä siinä ole mitään hävittävää,

ettet vielä ole valmis voittamaan

Ilman pettymyksiä onnistumiset eivät tunnu miltään

Vasta silloin saavutat superlatiivin, kun ymmärrät

että yläpuolellasi joku

on aina komparatiivi

Kunniaton miehenalku ei osaa kunniaa niittääkään

Minusta sinä olet kärsinyt liikaa, mutta omasta mielestäsi

sinua loukanneet ovat kärsineet liian vähän

Kun vihasi tyyntyy, se kääntyy epätoivoksi

minkä ikeessä et ymmärrä

että revanssin voi tehdä kostamatta

Kosto ei muuta menneisyyttä,

eikä hävitty taistelu ole hävitty sota

Lyö se hyvä sydänkin

OTAN OSAA

Taas on takapuoli kateellinen siitä

mitä suu suoltaa ulos

Teillä mitään omaa mielipidettä ole

Rooliasenne on

Myötätuntoisena toivon silti

että pääsette elämässä pitkälle

Ja pysytte siellä

Sosiaalisesti monilahjakkaana

toisen kuuleminen

on sinulle sama kuin toisen vaimentaminen

Et sinä halua mielipidettäni

vaan kuulla omasi

minun suustani

KAKSITAHTIKONE

Kommunistinen Itä-Saksa sinussa asuu

Sellainen nakuttava ja

pistävän pakokaasun Wartburg

Raskaan ohjauksen ravistellessa vastaan

kehno suuntavakaus pitkittää uraherkkyyttä

Vapaakytkimellä rullaat pitkän matkaa ja

voimakkaassa sisämelussa

moottori niin laiska

että vauhtia odotellessa

kuski kiihtyy

Vad fan är det för fel på er?

Kun ruotsintunnilla pitää aina vääntää

riivinrauta-

langasta ja

iloisesti älyn Hammondilla

Yksi luulee olevansa vahvakin ajatustenlukija,

toisella taasen

mielestään pallo aina hallussa

Siinä meillä Telepatti ja

Soikeustieteen kandinaatti

TÄIKAMPA

Yksityisyydestäni utelet koko ajan tiheästi ja piikikkäästi

Parhaiten minusta tietää parturini

Sinäkin eilen hiustenleikkuussa

Paha nostaa, kun ei ole tukkaa

En minä sarkasmilla ammu

loukatakseni teitä

vaan säilyäkseni itse hengissä

Jatkuva itsepäisyytenne

on määrätietoisuuden puun oksakohta

jonka toistuva irti sahaaminen

koulii kansankynttilää ledivaloksi

Tieto on voimaa ja informaatio valtaa

Välitunti vapauttaa

DICTA TUURI

Sovun nimeen

täällä suurinta osaa aivopestään

kuulumaan onnekkaisiin voittajiin

Ei enemmistö ole etuoikeutettu

Vähemmistön sisällä

tyrannisto on

4 "Come a little bit closer

Hear what I have to say

Just like children sleepin'

We could dream this night away..."

 Neil Young ♫

"Harvest Moon" ★ Harvest Moon (1992)

Pikkutunneilla ropisten

itseään ympäriinsä pirskottaen

sade värjää taivaankanteen

apealiepeet

Suu auki haukkoo parvekkeen ovi, säestäen

juoksee ränni

pistaasisävyjä pulputtaen

Nukahtamisen rajamailla kuvittelen nivustaipeesi tempon

Töpösormet rutistavat tyynyliinan raitoja,

kaipuun kaltereita

Lämmin yö on eristysselli

Kaiho lyö tahdin

Pökerryksissä olen, iskunkestämätön

Rakkaudesta tyrmätty

REQUIEM FORTUNA

Tuoksu tunkeutui tukkoiseen nenääni

Sipaus kanelienkeliä, rahtu setripurua,

häivähdys huntukuusamaa

Syleilyn puserruksessa

herkkä nauru viipyili hitusen kerrallaan

läikähtäen välistä uudelleen ja uudelleen

Vartaloon pilkahti kiinni sallimuksen sähköä

Mielen pato murtui ja tasasi rauhattomuuden rajan

sellaiseksi tyyneksi pinnaksi

joka ei taas pienestä väreilisi

Sielunmessu muuntui sielunmassaksi,

missä omistautumista toisilleen

vahvisti kaksi

Pitkään olivat varret vasten

Pitkänään

varta vasten

Sillä tavoin kärsimys muokkasi meitä

että jos emme olisi tahoillamme särkyneet,

emme olisi voineet tuntea parantumisen voimaa

Matkimatta elämän aiempia askelia,

tiputimme toisemme

epätoiveessa roikkumisesta ja

tiirikoimme ulos epäilyksen vankilasta

jonka kaltereihin jo heti tavatessa

alkoi kiertyä villiviinejä

Jos välistä pitää silti kärsimän,

vastedes kärsimme yhdessä

Tästä lähtien hallitsemme kohtaloa vuorotellen ja

raastavan yksinolon kestämme vähin äänin

Parempi pieni pala isosta intohimosta

kuin suuri siivu

vähäpätöisestä rakkaudesta

SARASTUS

Alasti tuumailit kukkatäkin alta

linnunpelättimen funktionaalisia kuoseja,

heristit pimeydelle sormea

ettei elämän lyhyys

lannistaisi meitä

Yöstä aamuun asti hehkui välittämisen vana

missä orvaskettä hyväillen

molemmille valkeni leimuten

huomiokykyisten mielten

kuuluvan yhteen iäti

Peruutit kiinni reiteni rajaseutuun

Pikkupuraisuina söit sydämeni

Parvekkeen ovenraosta kiekaisi fasaani

Kukonlaulun aikaan

sinua kyyditin kielen päällä

No ainakaan talo ei seiso

tyhjillään

kuten taasen allekirjoittanut

heti uudelleen

Sen sijaan istuvat

myös piukkana

iltaa

pääni sisällä aate ja päälläsi

timmi alusvaate

Puheesi paljastaa sinut

viinilasillisen nauttineen, ohut asu puolestaan

ylävartalosi tuplaterhakkuuden

Kivettyneenä meditoin

Voiko kummastakin pitää eniten?

HAPPYHUULET

Ei ole hällä väliä hellä väli

On onnen onkalossa

ilokin ilkosillaan

Ryhdytään heti

tuhmasta toimeen!

Päivä toisensa perään, herkeämättä herkkänä

olet aromikas ensi-ilta

Piparmintusta tulilatva

maanpinnalla rönsyillen,

vuorenrinteiltä punapensas

hillittynä hulmuten,

parantaen huulikukka

salvia samettinen

Tähkälaventelista tuoksutanssi

raukeaksi hipaus,

pohjoisesta kaarnikka

sydänchakran ripaus,

virtaavana sävykäs

lakritsijuuren makeus

Näyttämön hohtava rohto, yrtti

ikuisen makuinen

ODOTUKSEN RINTAMA

Rakastan sinua enemmän

kuin mitä ikinä voit tehdä väärin

Iho hinkuu ihoa, kaiho lihoaa ja

kadonneesta kosketuksesta toipuminen

on kirvelevän hidasta

Sormenpääsi takana,

etäisyys edessä,

en näe parempaa aikaa aloittaa

Sinussa prikulleen

Kobe-härkä, kiertoliittymä, merisää, Matti Pellonpää, kolossikalmari, video assistant referee, Gruppo Bertone, John Carter, Cynthia Plaster Caster, Friedensreich Hundertwasser, Jacob Collier, George Luger, Michael Davis (juggler), Voyager Golden Record, Uthred the Bold, humidor, liikkuva krematorio, someraivo, banaanikotelo, Martti Suosalo, Laurence Fishburne, Rauni-Leena Luukanen-Kilde, Edgar Froese, irukandji, Maracaibojärvi, lämmitettävä voiveitsi, Nate Smith, fideismi, Harald Lundqvist, Volodymyr Zelenskyi, puhdistava liekki, Noam Chomsky, Madame Blavatsky, Petrus "Brock" Brockowsky, Banksy, Alan Partridge, Jon Nikcevich, Matin Halpis, Nadia Comăneci, Cooperin testi, pakkoruotsi, Huggy Wuggy, vieraslajilaki, Kylli-täti, Stephen Hawking, Honda Monkey, Monkey GO Happy, isotooppi, iso tuoppi, Seida Sohrabi, porkkananteroitin, silmäripsikiharrin, Manovaari, Parental Advisory, luminometri, Alpha Centauri, Kaisan Baari, Martti J. Kari, pumpernikkeli, illegaali, föhn-tuuli, Tommy Bolin, Dunder Mifflin, Mickey O'Neil, Iron Beam, Hank Hill (Strickland Propane), Speden Spelit, Marsupilami, Cintamani, Mr. Methane (petomaani), supiini, greliini, oksitosiini, inspector Cyril "Blakey" Blake, Segway, Josh Holloway, singulariteetti, Dave Meniketti, prokrastinointi, grillinpuhdistusrobotti, ostoskärrypoletti, umamiketsuppi, Mathmos laavalamppu, Vikkulan tuoksu, kurkipotku, kiviak, Therese Johaug, Amalie Grauengaard, Maiju Gebhard, Marcel Duschamp, hissituhnu, aivosumu, Clint Eastwood, Twinkle Tush – kissan peräaukkokoru, Kopi Luwak, Hugo Pratt, Zion Clark, Pyynikintorin liha, André the Giant, Michel Vaillant, Hyacinth Bucket, Erich Kühnhackl, Magic Bullet, detective Harry Ambrose, Jordan Peterson, Bill Watterson, Robert Graves, Bill Gates, Mark Hess, "The Miracle on ice", elektroninen täikampa, mäntysuopa, Heikki Ranta, kreppirauta, Ylilauta, Gabriel Batistuta, kaljakellunta, sukkanauharitarikunta, Shambhala, möhkäkala, keventäjä Mika Tommola, Daniel Passarella, Juti-suomi hokisanakirja, kuumasinkitty huopanaula, Veijo Hietala, Hannu Mikkola, Pietro Mennea, Prinssi Rohkea, detective Mare Sheehan, misofonia, Antonov An-225 Mriya, Vincenzo Peruggia, Nordic noir, Risto Jarva, aromi-pesä, hyttyskesä, äitiyspakkaus, Krakataun pamaus, Frederick Douglass, Daavidin oksa, Georgy Kavkaz, Zaouli (dance), El Risitas y las paelleras, Kirsi Kunnas, Jonathan Edwards, Rorschach, Orville Rogers, Harlem Globetrotters, Aulis Rytkönen, Outi Heiskanen, Don't Break My Heart Again, Kunta Kinte, Ari Peltonen, Martti "Huuhaa" Innanen, Kirsti Paakkanen, Timo Torsti Antero Mikkonen, Jari Sarasvuo, inkarnaatio, Jerry Cotton, Phil Lynott, Hart-Sport, korkea libido, Ismo Alanko, Kanni (FoKoPo), haavoittunut koomikko, kultanuolisammakko, lohikäärmekyykky,

maansurun vastamyrkky

SEIREENINLAULU

Sen sinä olet osoittanut kädestä pitäen

että yhteenpunoutumisen ajautuessa etäisyyteen,

koskettava sävel muuttuu suruvirreksi ja

soiva kirkkaus peittyy pimennysverhoin

Niin kuin toistensa vetovoimaiset ääripäät,

taipaleen jäljiksi jäävät vain

kaipauksestani roihuava polte ja

terälehtesi nytkähtelevä paino

Tulet vietin tiellä

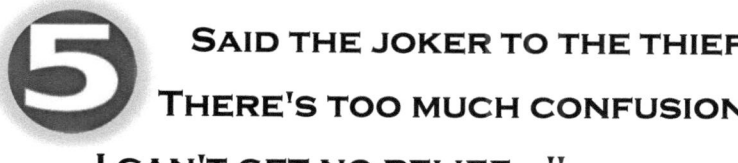

"THERE MUST BE SOME KIND OF WAY OUT OF HERE

SAID THE JOKER TO THE THIEF

THERE'S TOO MUCH CONFUSION

I CAN'T GET NO RELIEF..."

🎼 Bob Dylan ♫

"All Along The Watchtower" ★ John Wesley Harding (1967)

Siinä missä minä yritän ymmärtää sinua,

sinä koetat ratkaista minut

Siinä missä minä katson tulevaisuuteen,

sinä tuijotat menneen haamua

Kaukana olet täydellisyydestä, siksipä kai

peilikuva paras ystävä

PARKKI PÄÄLLÄ

Elämässä

hengitys tasaantuu nopeammin

kun luopuu varasuunnitelman varasuunnitelmasta

Kokemuksesta paksunahkaisena

ei pihan kaarnavanhuskaan vilunväreile

Tutulla reitillä aistit jahtaavat samoja saaliita

Meijerin piippu pistää taivaansilpojana

Lipputangon naru paukkuu pakkastuulessa

Asemavarikon ratapölkyt tuoksuvat Islay-saarelle

Pelkän suoriutumisen ikeen alla

turvallisuuteen kotiutuu arkuus

Harmaavarpunen sirkuttaa epävireessä

Ei olisi aikaa väheksyä

Olisiko aika eksyä

jotta muistaisi taas

mitä on osana

Pakkomielteen toteuttaminen saa tuntemaan helpotusta

Juoksulenkillä ei suvaita kompromissia

Räntärättejä ripsuu naamaan

Pururadan puuterin alta pilkistävät juolukat ja

kuin kielestään kiinni pakkasmetalliin,

irvistää

kuntolaitteisiin teipattu joulutonttu

Askelmittari ei tiedä suuntaa

Sappineste suussa vatsaan pistää, sen sijaan päässä

puristus hellittää

Sisu pohjaan, veren happisaturaatio tappiin ja

järjen hivenestä

pohjatappi irti

SANAN SÄILÄ

Vähän väliä

menneisyys muistuttaa minua siitä kuka olen

Niin koetan kuitenkin tulevaa ahmia

että huomiset tekoni

arvokkuuttani mittaisivat

Tuota pikaa maine kasvaa kilveksi

joka ei ymmärrä muuta

kuin tuoksinassa torjua tai

orjana sopeutua kuohuun

Avosylin mutta miekalla

sulava sivallus kerrallaan

muutan maailmaa

jotta voin siinä kasvaa

Sinä kyseenalaistat omat kykysi

ja minä lohdutan

kuinka oletkaan kehitykselle avoin

Sinä suret elämäsi umpikujaa

ja minä tyynnytän

kuinka huomaatkaan muutoksen tien

Sinä kertaat vaikeita aikojasi

ja minä helpotan

kuinka kouliintuneena kartutatkaan kokemuksia

Sinä murehdit sielusi ahtautta

ja minä huojennan

kuinka ymmärrätkään kasvun mahdollisuuden

Sinä itket ihmissuhteitasi

ja minä lievitän

kuinka näetkään läheisyyden lujana

Vaikka sydänjuurakkosi vaikeroi, olisi musta haiku

läti kannustan, kuin tuulella korjaava kaiku

EGOMAALLIKKO

Kyllä minä virkaani rakastan

muttei aina mieleni intohimo

Silloin kun ihminen voittaa

eikä paras argumentti,

noruu henkinen ryhti

suljettujen ovien takana

kosmetiikaksi

jotta itse kimaltelisi kauneimmin

Salvattujen sielujen taustalla

valtaan liikaa luottavilla

on huono selviytymisennuste

Siinä se menee hyvän maun raja

että arvottomista ansioistaan ylpeä

on äänekkäästi

korosteisen itsetietoinen

Sinne kulkee, tännekin ja tuonne päin

Lipsuen

on tepevänä lipevä ja

tekopyhänä

elävältä hautautunut

Entisaikaan muistokiviin hakattiin ammatit

Tällä haavaa vaarana

että omaasi joutavat luonteenpiirteet

HEIKKO NÄKYVYYS

Vaikka ajelehtii kuin aamusumuun ilman ajatuksia,

ovat toimimatta jättämisen riskit

epäröintiä suuremmat

Sitä olet mitä teet,

minä tulevaisuuteen kannustan

Sitä teet mitä olet,

minä totuutta en paljasta

Omaperäisyyden sekoitat omapäisyyteen

Uppiniskaisena vaadit

niin kiireesti täysikasvuisuutta

ettet huomaa

että luova aikuinen on lapsi

iän matkastaan selvinnyt

TIREHTÖÖRIN KÖÖRI

Sirkuseläimiä kesyttäessä ei koulutus valu hukkaan

vaan tasaisesti luokkahuoneen muihinkin lajeihin

Risafarkku taitaa koiruudet, osaa pelata sikaa

Merkkihupparin voimaeläimenä kilpikonna,

etenee hitaasti kuoreensa vetäytyen

Lippahatulla oselotin aikeet

mutta alati

kaskelotin käännökset

Onko herkkähipiäinen lintulaji?

Ainakin harakanvarpaistaan päätellen

Syntymäpäivän kunniaksi tarjoan kettukarkit ja

pakotan ruotsin kielen epämääräisiin monikoihin

Lajit saalistavat katseellaan, mölyapina minua isoin kiitoksin:

"Jopas teillä aikoinaan

vittuuntunut haikara tehnyt visiitin!"

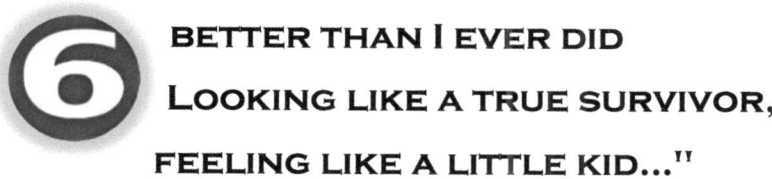

"DON'T YOU KNOW I'M STILL STANDING

BETTER THAN I EVER DID

LOOKING LIKE A TRUE SURVIVOR,

FEELING LIKE A LITTLE KID..."

🎼 Elton John & Bernie Taupin 🎵

"I'm Still Standing" ★ Too Low For Zero (1983)

Parvekepylväiden mennyt loisto lohkeili lastuina pois

Huoneen vanhasta ikkunasta pilkottivat
alavan nurmirinteen rantaan asti ulottuvat hongat ja
keskikesän iltarusko taittui järvenselästä
kamarin narisevalle puulattialle
säteiden kurittomaksi polkaksi

Hovi oli autio, vire täyttyi tyyneydestä – sydän sydämestä
syleillen uusin sävyin

    Aikani elin, ajassa varjojen
    Ajasta uuteen, aikaani seuraten

    Pimeyden saapuessa ajallaan, mukaani imen
    valosi autuaan

Hymyillen vei kuningatar suuhunsa mansikan ja
rakkaudenpunasta vastalakatuin kynsin
vuoteessa viimein valtikan

Kuningas on kuollut. Kauan eläköön kuningas!

CATWALK

Privaattimuotinäytöksessämme

sinä pukeudut vakosamettiin ja

minä kaivan kaapista

keisarin uudet vaatteet

Kehräät ilman kiertämää

Mitä sitä puumasta tai ilveksestä

kun silittää saa tiikeriä

Lämpö nousee, lavalla palvotaan

~~palvataan~~

Yhdessä astumme

Sinä edessä notkealiikkeisesti

Minä takana hitaammin

Mutanttivoimasi

on kineettisen energian transferenssi

Muutat polvet veteliksi

samaan aikaan kun

keskivartalo kovettuu

ANTIKVARIAATIO

Ei kuntoluokituksesi ole uusi

mutta strippi niin ainutlaatuinen ja

ilmestyminenkin rajoitettu painos

että keräilyvimmastani kehkeytyi

yhden protagonistin palvonta

missä päättymättömään juoneen sisältyy

kyltymätön seikkailu sekä

iäti tiivis yhteenveto

Mustankipeänä vaiti tuijotan

allasosaston poreita

jotka röyhkeästi silmieni alla

hyväilevät kurviasi, sitä ainoata mutkaa matkassa

jota kohti kannattaa kiihdyttää

kovalla ruokahalulla

lusikka pohjassa

IHONMYÖTÄJÄINEN

Sinulla on lahjoja vaikka mihin

mutta pyyteettä olet valinnut olevasi

lahja minulle

Hyväntuoksuisen alastomuutesi

käärit hemaisevaan pukuun ja

joulumielen myötä

annat minun hypistellen arvuutella sisältöä

Älä pitkään pidä jännitystä yllä

Kohta jo kohtaloni

salli avata pakettini

Lahja sekin!

Kun on antamisen ilo

mutta valitsemisen vaikeus,

ostat helposti itsesi takalukkoon

Rakas, anna minun murtaa kauppasaarto

Ota suukko,

sulon sorkkarauta!

YHTEINEN HYVÄKSYNTÄ

Ihan parasta

kun annat minun yksin

tehdä vapaasti

kaikki meitä koskevat valinnat

Onneksi sinulle riittää

vain kiistaton päätösvalta

lyödä vaihtoehtoni lukkoon

Uusi petauspatjasi jättää pysyvän intohimoteetin

Ylipainovoima

ei pane pahakseen

Kuiskaat hellästi korvaani, ettei lattialta voi pudota

Eikö edes,

jos leijuu onnesta?

HYVÄ SAUMA

Havumetsän sävyinen mekkosi pilkistysviivoittaa

ihonmyötäisenä

nimettömiesi rajat

ja kuin sokeainkirjoitusta lukien

omani maillesi vaeltavat

Kademielisten tarkastuspisteellä

seinänaapurit kyttäävät kuunnellen

kuinka farkkukankaan läpi

käpyni kasvaa rusahdellen

"I DON'T WANNA KNOW ANOTHER DAY WITHOUT YOU

 **WON'T YOU CALL MY NAME**

'CAUSE I CAN'T BE WITHOUT YOU..."

 Lenny Kravitz ♬

"I Can't Be Without You" ★ Black And White America (2011)

Harkinta valitsee sen miltä *hekuma* näyttää

Harjaannuksen *huumassa* käärin sinut ihopeittein

Hyvyys on paljaana lipuva *hurmio*

Hyvinvoinnissa *himo* seisoo

pöydässä,

jossa sinua ei voi ylensyödä

VERKOSSA

Seitinkevyenä

sormenpääsi lukinleikki, kosketuksen liekki

Kehosi painon alla ajatukset varisevat vapauteen

värisevinä hileinä

Henkäyksenohut hipaisu, hiiskumatta

tajunta innoittaa unta

Huojunta lemmen untuvaa

Uteliaisuutemme takana

kiiruhtamatta

kuulumme katkeamattoman tutkimuksen ketjuun

missä kiihkeä polte luonnostelee

pehmein siveltimenvedoin

Sanat ovat portti tunteisiin

Paljaat kirjaimet pirstovat lukot

Rakkaani,

avaa auki uusi sivu

Aamunkoittoon,

pakarasta laaksoon asti

anna minun kirjoittaa

elämän hellällä käsialalla

LAUPIAAN LUMO

Paratiisissa

puhtaan lumen valona

hehkuu oikeamielisyytesi

myötätuntoa täynnä

Luonnostasi sädehdit, ennakkoluulottomasti

ota huostaan tämä rentunpuolikas

Kärsivällisenä kaitset, mieli suvaitsevuudesta kuormattu

Minä sylissäsi parka,

niin ahdasmielinen,

sisäänpäinlempeävä

Asua ilman

suojaa ja

harhaillen

pelkään eksyväni sinuun, kaikkivoipaan

Viime tipassa, aivan huulilla

piirrät kartan

vatsani riimuihin

Pitkin metsänrajaa

löydän perille

turvaan

Hyvään huoahtaen,

harmoniaa tiedustellen

kyhään pyhään pesän

HÄIVÄNSÄDE

Palettini joka säikeellä olen valmis luomaan

piripintaasi

lumon kastepisaroita

Sävyisänä paljastat vivahde kerrallaan

kuinka punainen pirskottuu

ruusupuuksi, kirsikaksi ja kastanjaksi

Lakastua emme henno

Kimallus on mielen kiinto

Hehkulle avoimena

pyydän kiinni

jokaisen valon asteen

Kahden viikon viestittelyn jälkeen kont<u>akti</u> kasvaa narkootti-

seksi

Kuin imeväiset

toisistaan riippuvaisena,

kierrymme väkämäisesti koukkuun ja

turvaväleittä

kiihko huumaantuu

alueellisen koskemattomuuden väärinkäytöksi

Vihdoin on vierihoito

viiveen

vieroitushoito

Melan kolinaa

ennen eron

melankoliaa

KIMPPAKYYTI

Tule! Mennään ajelulle!

Ihmistunteitteni kivireessä

olet intohimon kelkka

Myötäisessä kulkuset kilisevät

Ei kina kanna kiimaa

taikka tora kiihota

mutta riitaa

haasta sentään kerran, piinaa

vähintään sen verran

että on into keksiä

tauotta

sovintoseksiä

SUTINA

Ruumiillista työtä emme kavahda

Rukkasia ei anneta, yhdessä

otamme ne naulasta

Hopussa kiitos seisoo

Olen heti kiirehtimässä harjakaisiin

juhlakunnossa

Rauhoittaen tasaat tahdin ja päädyt päälliköksi, iankaiken

olet paras versio itsestäsi

Lakkaamatta

pintakäsittelen sinut

Urakka olkoon ikuinen!

SISÄLLYS

TULET VIETIN TIELLÄ

❶ YESTERDAY IS HERE

ELÄMÄNNÄLKÄVUODET   9
PORSTUAN KOLMIJALKA   10
KOHTA   11
JA NIIN EDELLEEN...   12
VIHI   13
VASTAISUUDESSA   14
TAIVAANNORPPA   15
AKORDI (MOLLI)   16
AKORDI (DUURI)   17
JOULULOMA   18

❷ HUMAN TOUCH

FUTON   23
KOTIINLÄHTÖ   24
KAIHON KULJETTAJA   25
SILUETTI   26
LÄHTÖRUUTU   27
VÄISTÄMÄTÖN   28
KUURANAHKA   29
HORMONIA ~~HARMONIA~~   30
ALIKOULUTUS   31
VUOKSI   32

❸ HIGHER GROUND

VOLYYMIVIIDAKON VALTIAS	37
ORIGO = NOLLAPISTE	38
PAHANHAUTOJA	39
OTAN OSAA	40
KINAN KORVILLA	41
KAKSITAHTIKONE	42
BÄTTRE TOLK	43
TÄIKAMPA	44
VIRTAPIIKKI	45
DICTA TUURI	46

❹ HARVEST MOON

LINNAN KEHÄRAAKKI	51
REQUIEM FORTUNA	52
TOIVIOMATKA	53
SARASTUS	54
SUTRA BUDDHA	55
HAPPYHUULET	56
VARIE TEE	57
ODOTUKSEN RINTAMA	58
♥ SYYNI SINUUN VI	59
SEIREENINLAULU	60

❺ ALL ALONG THE WATCHTOWER

JANUS   65
PARKKI PÄÄLLÄ   66
HYVÄN HALTIJA   67
SANAN SÄILÄ   68
HEIJASTUSPINTA   69
EGOMAALLIKKO   70
ROTTINKIRINTA   71
HEIKKO NÄKYVYYS   72
LIIKAKASVU   73
TIREHTÖÖRIN KÖÖRI   74

❻ I'M STILL STANDING

REIGNKARNAATIO   79
CATWALK   80
MISS MARVEL   81
ANTIKVARIAATIO   82
KYLPYLÄ   83
IHONMYÖTÄJÄINEN   84
aarikka JA TIIRIKKA   85
YHTEINEN HYVÄKSYNTÄ   86
IKEA   87
HYVÄ SAUMA   88

❼ I CAN'T BE WITHOUT YOU

4H-LIITTO   93
VERKOSSA   94
KALLIGRAFIA   95
LAUPIAAN LUMO   96
KODITON   97
HÄIVÄNSÄDE   98
NARKOLAPSIA   99
KIMPPAKYYTI   100
KIISTA PRIMA VISTA   101
SUTINA   102